LA
SOCIÉTÉ BIBLIOGRAPHIQUE

PAR

M. GEOFFROY DE GRANDMAISON

BLOUD ET **GAY**, Editeurs

PARIS-BARCELONE

"Pages actuelles"
(1914-1918)

LA
SOCIÉTÉ BIBLIOGRAPHIQUE

PAR

GEOFFROY DE GRANDMAISON

BLOUD ET GAY, Editeurs

PARIS - BARCELONE

DU MÊME AUTEUR :

Les Aumôniers Militaires

(*Pages Actuelles*, n° 47)

LA SOCIÉTÉ BIBLIOGRAPHIQUE

1868=1918

Ses noces d'or

La *Société bibliographique* a été fondée le 6 février 1868 ; elle vient donc de célébrer ses « Noces d'or ». Depuis un demi-siècle elle a rendu beaucoup de services, reçu beaucoup de concours, des remerciements justifiés, d'élogieux témoignages. On ne lui a adressé qu'un reproche : d'être trop peu connue. Pour atténuer le regret fondé de cette critique, l'occasion se présente de résumer l'activité de sa vie, en rappelant ses origines, son but, ses travaux, son fonctionnement, ses résultats, ses espérances.

Je dirai même tout d'abord ce qu'elle n'est pas, car la confusion en est faite parfois : elle n'est pas une Société de bibliophiles, amateurs de livres rares et d'éditions précieuses ; non, ses membres ne se contenteraient pas de satisfaire ainsi l'agrément légitime de leurs goûts de lettrés ou leurs jouissances artistiques ; ils se sont associés pour une cause plus haute, pour un véritable apostolat : défendre la vérité religieuse par le travail scientifique dans le monde intellectuel et la propager par des publications populaires.

La science, la vulgarisation, voilà les deux pôles sur lesquels roule toute la *Société bibliographique*, la raison de sa création, il y a cinquante ans.

* *
*

C'était à la fin du second Empire. Sous une apparence de calme universel couvait un bouleversement général. Au lendemain du contact mondial de l'Exposition de 1867, les esprits mis en mouvement demeuraient en éveil, déjà la guerre était dans l'air sur le terrain des idées, le triomphe militaire de la Prusse à Sadowa était exploité comme une victoire de Luther contre Rome et la question romaine dominait les chancelleries, les Académies, les salons, les salles de rédaction et les cabinets de lecture. Les attaques de la libre-pensée s'organisaient contre l'Eglise avec méthode : par la science elle prétendait remplacer la croyance. Au dix-huitième siècle, les « philosophes », railleurs ou rêveurs (Voltaire ou Jean-Jacques), avaient conduit un premier assaut ; au dix-neuvième, les « savants », depuis Renan jusqu'au magister de village, s'étaient orgueilleusement persuadé qu'ils menaient les funérailles du catholicisme démodé, ignorant et expirant. En haut, comblés par la fortune humaine, des écrivains célèbres, en bas des démagogues plus vulgaires, pleins d'appétits, s'agitaient en faveur d'une formation populaire émancipée de la religion. Le ministre de l'Instruction publique choisi par l'Empereur, M. Duruy, édictait des programmes scolaires où l'on trouverait le venin de l'école laïque de la troisième République, avec Jules Ferry. Un homme habile qui n'a avoué son dessein que plus tard, quand il fut couvert par le succès, Jean Macé, organisait (1866) une puissante machine d'apostolat antireligieux : la Ligue de l'Enseignement.

Deux sociétés se fondèrent en même temps pour contrebalancer ces tendances funestes ; l'une, la Société d'Education et d'Enseignement, se proposait de travailler à la propagation de l'instruction à base d'éducation chrétienne ; l'autre, la *Société bibliographique*, se

donna pour but de servir de lien entre les hommes
d'étude et les hommes d'œuvres en venant en aide aux
premiers dans leurs travaux, en renseignant les seconds
sur les ouvrages bons à répandre.

Un petit groupe d'amis, gens du monde et de loisirs,
jeunes encore, chrétiens de doctrine et de vie, érudits,
voués par goût aux études d'histoire, se réunissaient
chez l'un d'entre eux, Gaston de Beaucourt, dans sa
maison de la rue de Bellechasse, pour deviser sur le
devoir à remplir. Ils s'appelaient : Anatole de Barthélemy, Léon Gautier, Henri de l'Epinois, Paul Riant,
Melchior de Vogüé, René de Saint-Mauris, Etienne
Récamier, Félix de Roquefeuil, Edouard de Moustier
et un religieux de l'Assomption, le P. Picard.

Ces noms gardent une signification, tous ont marqué
dans les lettres catholiques contemporaines; leur aîné,
qui est mort l'an dernier à quatre-vingt-sept ans, toujours doyen du Conseil de la *Société bibliographique*, fut
membre de l'Institut, l'un des Quarante de l'Académie,
ambassadeur de France, président de la Croix-Rouge,
de la Société des Agriculteurs, à la tête des plus impor-
tantes affaires économiques de son pays : — Melchior
marquis de Vogüé, s'adonnait alors à l'orientalisme
et il allait entrer à trente-huit ans à l'Académie des
Inscriptions. Il déclina la présidence du petit groupe
que ses amis lui offraient et le marquis de Beaucourt,
le fondateur, l'âme de la réunion, accepta la charge qui
convenait bien à l'initiateur de l'entreprise.

Il apportait un plan, une organisation et même un
instrument de travail, la *Revue des questions historiques*,
qu'il venait de créer avec ses propres moyens. Ce serait
le recueil attitré où toutes les controverses d'histoire
nationale, d'apologétique religieuse seraient débattues
en des articles amples, graves, vigoureux, sans souci
des coteries ou des camaraderies, au-dessus des vulga-
rités de l'opinion ou des nécessités de l'abonnement,

mais selon les méthodes rigoureuses de l'Ecole des Chartes où presque tous ces amis s'étaient formés, en conservant leurs personnalités distinctes telles que nous les rencontrons :

Anatole de Barthélemy, archéologue, numismate, futur membre de l'Institut, ainsi que Léon Gautier, le professeur laborieux qui puisait la force de son enseignement dans sa longue pratique des Archives nationales, critique littéraire au goût très sûr, historien enthousiaste de la « Chevalerie », — Henri de l'Epinois, qui revenait de Rome où il avait étudié les Catacombes avec Rossi, — René de Saint-Mauris, paléographe et docteur en droit, augmentant ses connaissances pour les répandre autour de lui en d'infinies besognes modestes parmi toutes les œuvres charitables, vulgarisateur au sens le plus élevé du mot, — Paul Riant, jeune savant consacré aux recherches sur l'Orient latin qui le conduisirent à l'Académie des Inscriptions, — Etienne Récamier, digne de son nom par l'amour des lettres et les pratiques de la charité. — La verve primesautière de Félix de Roquefeuil donnait la note piquante dans ces doctes cénacles ; auditeur, bientôt conseiller à la Cour des comptes, il devait plus tard, pendant vingt ans, travailler à constituer le corps des doctrines sociales de l'Œuvre des Cercles catholiques. Le P. Picard, successeur du P. d'Alzon dans la direction des religieux de l'Assomption, apportait sa compétence d'éducateur et ce sens des besoins intellectuels de son temps qui allait lui faire orienter sa Congrégation vers les œuvres de presse.

De ce groupe d'hommes convaincus et laborieux, le marquis de Beaucourt était capable de devenir le lien et le centre. Dans sa pleine maturité, à trente-cinq ans, il avait fourni ses preuves de critique sagace en rompant, au sortir de l'Ecole des Chartes, des lances contre Henri Martin alors révéré comme un oracle. De cette joute victorieuse en l'honneur de « Jeanne d'Arc », il revenait avec la **résolution de commencer cette** *Histoire de Charles VII* qui devait former le cadre de sa carrière studieuse et que les meilleurs juges de l'Institut, en la couronnant deux fois, qualifièrent de « monument grandiose ».

Tels étaient les fondateurs de la *Société bibliographique*. Par leur situation sociale ou littéraire, ils pouvaient, dans le monde assez frivole de leurs contemporains, employer à la vie facile, à leurs études préférées, la liberté de leurs loisirs; ils aimèrent mieux les consacrer à l'action intellectuelle et groupèrent leurs talents au service de la vérité. Ils entendaient prendre à la tête du mouvement scientifique la place qui appartient aux enfants de l'Eglise et qu'ils n'auraient jamais dû abandonner, puis répandre sur les masses aveuglées une abondante lumière. Leur ambition n'était pas mince : « Faire de tout catholique un pionnier de la science et de tout savant un pionnier de la foi. »

L'histoire est la base des connaissances humaines, comme la toile est indispensable au dessin et au coloris du tableau. Ces hommes de la tradition nationale se trouvaient donc logiquement des historiens. Ils créèrent les instruments nécessaires : à côté de la *Revue des questions historiques*, déjà existante, une Revue critique et méthodique de tous les livres qui paraîtraient; un Répertoire historique des sources, en commençant par le Moyen Age; une collection d'auteurs originaux sur l'histoire de France.

La Société, c'était justifier le nom qu'elle prenait, affirma aussitôt son existence dans le monde de l'érudition et des lettres par la publication du recueil qui manquait à notre pays : une *Revue bibliographique universelle*, et la première livraison de ce *Polybiblion* (qui, en effet, devait parler de beaucoup de livres) parut en février 1868. Par la netteté de son plan, la variété et l'étendue de son cadre, il mettait, il met toujours au service des travailleurs, de tout lecteur, en leur épargnant de longues et difficiles recherches, la plus grande somme d'indications utiles qu'on ait jamais réunies dans un recueil périodique. Sa collection ininterrompue atteint aujourd'hui 141 volumes; il paraît mensuellement et comporte des articles d'ensemble sur les différentes branches des sciences et des arts, l'analyse des livres nouveaux, une chronique littéraire des provinces de France et des pays étrangers, la bibliographie méthodique par genres de tous les livres, indiquant : éditeurs, prix et format, les sommaires de toutes les revues françaises ou étrangères et des grands journaux de Paris, des tables alphabétiques résumant toutes les matières contenues dans les trois volumes annuels.

Le *Répertoire des sources historiques du Moyen Age* fut un dictionnaire consacré aux hommes, aux lieux, aux livres et donnant la réponse à cette triple question : quels sont les ouvrages à consulter sur tel personnage, tel pays, tel écrit? L'abbé Ulysse Chevalier entreprit cet immense travail; au bout de dix ans, il donna les premiers fascicules; trente ans après, il avait achevé de former ce trésor incomparable où puisent les érudits, qu'il complète toujours en sa verte vieillesse et pour lequel l'Institut l'a appelé parmi ses membres.

Avec ces programmes, ces revues et ces projets, la *Société bibliographique* se trouvait constituée, outillée; elle reçut les encouragements de la presse, des savants, du monde catholique et de l'Eglise. Elle compta tout aussitôt une centaine de membres, et plusieurs de ces premiers soldats n'ont pas encore entendu sonner l'heure de la retraite. Elle doubla, tripla le nombre de ses adhérents. Une assemblée générale les réunit rue du Regard, au cercle de l'Oratoire, où M. de Beaucourt fit hautement la profession de foi de la Société « catholique et pour cela ayant la prétention d'être universelle », composée de « chrétiens également dévoués à la vérité et à la science ».

Les concours se multipliaient et certains noms doivent être retenus comme caractéristiques de la valeur des sympathies acquises : Mgr Mermillod, Dom Pitra, Mgr Pie, l'abbé Gay, le P. d'Alzon, Mgr Dupanloup, le prince Albert de Broglie, Augustin Cochin, Auguste Nicolas, le P. Captier, le P. de Valroger, M. de Caumont, le vicomte de Meaux, Adolphe Baudon, Emile Keller, le comte Lafond, etc. Au mois de mai 1870, il ne fallut pas moins que la Salle d'horticulture, rue de Grenelle, pour accueillir la foule des associés ; l'historien des *Césars*, le comte de Champagny, de l'Académie française, présida, félicita. Les dernières hésitations étaient vaincues, les premiers travaux entrepris, toutes les espérances permises.

Deux mois plus tard, la guerre franco-allemande éclatait et marquait le brusque arrêt de ces pacifiques travaux.

Dès qu'il fut possible, on se retrouva. Les désastres de nos armées, plus encore les ruines accumulées par la Commune montraient l'urgence du devoir social à accomplir. A des travaux d'utile érudition, il fallait donner des conclusions immédiates ; sans négliger le côté scientifique, la Société développa sa propagande religieuse en opposition à la propagande des idées révolutionnaires. C'était la vie même de la France qui se jouait ; plus tôt qu'on ne l'avait cru, sa reconstitution était en cause ; des hommes voués au culte de l'histoire s'inspiraient naturellement de ses gloires traditionnelles ; sans que la *Société bibliographique* fît jamais de politique, la logique a voulu que ses membres, en majorité, vinssent se recruter parmi les serviteurs de la cause monarchique.

Sous l'action initiale de son Conseil, la Société créa des comités en province : les premiers à Nîmes, Caen, Evreux, Lille, Toulouse ; plus tard : Besançon, Bordeaux, Orléans, Alençon, Le Mans, Rouen, Albi, Poitiers, Tours, Toulon, Marseille, Saint-Quentin, Chartres, Angers, Agen, Clermont, Douai, Vendôme, Niort... On entre avec zèle dans la voie de la vulgarisation ; la liste des travaux le manifeste.

I. — Une collection d'abrégés historiques inaugurée par une *Histoire de France* d'Edmond Demolins, quatre volumes qui firent sensation, et par une *Histoire de la Restauration*, d'Henri de l'Epinois, qui garde encore son autorité.

II. — Une collection de *Petits Mémoires sur l'Histoire de France*, sous la direction de Marius Sepet, qui lui-même se spécialisait dans ses études sur Jeanne d'Arc dont il demeure l'hagiographe le plus sûr. Ses collaborateurs se nomment : Babelon, de Lespinasse, Tamizey de Larroque, Alfred Baudrillart, Hervé Bazin.

III. — *Les Questions controversées de l'Histoire et de la Science* (6 volumes), en prenant à partie une à une les légendes, les attaques et les calomnies courantes, accomplissaient cette besogne d'assainissement que vient de renouveler récemment l'*Histoire partiale, Histoire vraie* de Jean Guiraud, lui aussi membre de la Société. Ici encore, des rédacteurs de choix imposent le crédit de leur compétence : René Kerviller, l'abbé Vigouroux, de Lapparent, le comte de Puymaigre, l'abbé Allain, l'abbé Douais, Paul Allard, de Beaucourt, Victor Pierre, Baguenault de Puchesse, Anatole de Barthélemy, Edmond Biré, le marquis de Ségur, Charles Gérin, Noël Valois.

IV. — 11 volumes de *Voyages et découvertes géographiques* contrôlés par Richard Cortambert, puis par le commandant de Bizemont.

V. — Un choix (34 volumes) des chefs-d'œuvre des littératures française et étrangères, *les Classiques pour tous*. Les commentateurs en sont le baron d'Avril, qui ouvre la marche avec la *Chanson de Roland*, Frédéric Godefroy, René Bazin (et ce furent ses débuts dans les lettres).

VI. — *Une Bibliothèque à 25 centimes*, dont le succès s'explique autant par les auteurs (Montalembert, Claudio Jannet, Charles de Ribbes, Léon Gautier, Maxime de La Rocheterie, etc.) que par les sujets : *Les Moines ; les Libertés populaires en France ; les Associations ouvrières ; les Sociétés secrètes ; Histoire de la charité ; Histoire des corporations ; Histoire des paysans ; Histoire d'une commune ; la Saint-Barthélemy ; Marie-Antoinette ; Garibaldi en France ; la Famille selon la Bible*, etc.

VII. — Des brochures sur la *Révolution*.

VIII. — D'autres sur les *Questions du jour*.

IX. — D'autres sur les *Questions sociales*, où se rencontrent Albert de Mun, Chesnelong, Amédée de Margerie, Gabriel Depeyre.

X. — L'impression des *Documents pontificaux et épiscopaux*, 18 plaquettes où prirent place les fameuses lettres du cardinal Pecci, le futur Léon XIII, sur « l'Eglise et la Civilisation » et sur le « Pouvoir temporel ».

XI. — *Une Petite Bibliothèque à 15 centimes.*

XII. — Un périodique : *l'Illustration pour tous.*

XIII. — Un *Almanach.*

XIV. — Des *Images historiques*, répandues par milliers.

XV. — Des *tracts* (6o), propagés par millions.

Si l'énumération paraît longue, qu'on ne s'en plaigne

pas ; elle témoigne sur combien de points du champ de bataille se portait l'artillerie variée de la *Société biblio-graphique.* Chacun a connu, volant aux quatre coins de l'horizon, ces petits volumes timbrés de son sceau : l'*Alpha* et l'*Omega*, symbole de l'universalité de son travail, attribut de ceux qui marchent sous le drapeau de l'Eglise, « commencement de toutes choses », disait saint Epiphane aux hérétiques de son temps. Avec cette firme qui semblait un blason aux armes parlantes, on avait, non sans raison, adopté pour « patron » l'apôtre saint Jean, lequel à maintes reprises, dans l'Apoca-lypse, donne ces deux lettres mystérieuses comme la définition abrégée de la personne de Dieu ; saint Jean, le « disciple bien-aimé », le plus proche de la gloire de Jésus au Thabor, de son cœur à la Cène, de sa croix au Calvaire ; saint Jean, « le fils du tonnerre », qui com-battit les premières hérésies ; saint Jean « dans l'huile » qui, à Rome, devant la Porte latine, sortit indemne et victorieux du supplice effroyable où l'on espérait éteindre sa voix ; saint Jean « l'Evangéliste » qui, pour avoir écrit les dernières pages du *livre* par excellence, vit son culte choisi par les vieilles Corporations des typographes, imprimeurs, libraires et relieurs (1).

* *

Ces années-là, 1877-1878, ont marqué le point cul-minant des efforts et du rayonnement de la *Société bibliographique.* Son action est puissante et le succès l'accompagne sous la bénédiction de Rome. Pie IX, comme un père très tendre, s'excuse sur ses « graves soucis » d'avoir différé ses félicitations, puis il déclare

---

(1) La plume de l'un des vice-présidents de la *Société biblio-graphique,* le P. Martinov, avait éloquemment établi ces motifs dans un rapport tout plein d'érudition, de sens mystique et d'heureux à-propos.

solennellement très opportune « pour la défense de la foi, le renouvellement de la science, la réfutation des erreurs, l'illumination des intelligences », l'entreprise de la Société. Résumant les travaux de ses membres, « qui veillent en même temps aux intérêts de la religion et à ceux de la patrie », le Pape loue ces « petites brochures qui se font des lecteurs par le charme dont elles sont revêtues ». Le Bref du 14 mai 1877 fut comme la Charte de la Société, la sanction de ses desseins, ses lettres de noblesse.

Au lendemain de son élection, Léon XIII lui accorda un Cardinal Protecteur et désigna le personnage le plus qualifié pour ce haut patronage, Dom Pitra, le savant bénédictin de Solesmes. Les Evêques encouragent d'une sympathie unanime ; ils maintiendront constamment et fréquemment ce témoignage public et il suffit de parcourir la liste des présidents des assemblées annuelles de la Société pour distinguer : Mgr Mermillod, Mgr Dupanloup, Mgr Richard, le nonce Mgr di Rende, Mgr Gay, Mgr de Cabrières, Mgr Jourdan de la Passardière, Mgr Rumeau, Mgr Amette, Mgr Marbeau, Mgr Touchet, Mgr Tissier. Depuis cinquante ans, des centaines de prélats se sont inscrits sur les listes ; que de noms y brillent : les cardinaux Desprès, Howard, Pie, Langénieux, Lavigerie, Perraud, Régnier, Richard, Coulié, Mathieu, Sevin, Luçon, Dubois, Dubourg, Mgr Bécel, de la Bouillerie, d'Outremont, de Langalerie, de Ladoue, Grimardias, Grolleau, Sebaux, de Ségur, Deschelettes, Péchenard, Rivière, de Durfort.

Le recrutement s'accentuait dans les proportions de ces encouragements ; les associés nouveaux se présentent chaque année par 500, 700, 800, 1000. L'influence de la Société dépasse les frontières ; son action est comprise, appréciée en Belgique ; au mois de janvier 1877, trois confrères de Liége, le curé-doyen de Saint-Jacques, M. de Harlez et Godefroid Kurth, professeur à l'Université, sous le patronage de leur vaillant Evêque, Mgr Doutreloux, formaient un Comité belge de la Société bibliographique, « l'une des plus grandes forces au service de l'Eglise et de la Vérité », disaient-ils.

Elle allait justifier ces éloges par la tenue d'un congrès international. Profitant, en effet, de l'affluence des visiteurs amenés à Paris par l'Exposition universelle de 1878, M. de Beaucourt avait convoqué les savants de tous pays à étudier ce qui s'était fait depuis dix ans dans les sciences et la littérature, les publications populaires, la bibliographie. C'était, en toute indépendance, reprendre, poursuivre, améliorer l'entreprise officielle de l'administration qui, après l'autre Exposition de 1867, avait dressé en vingt-neuf gros volumes un catalogue compact et pompeux du mouvement scientifique. Léon Gautier fut la cheville ouvrière de ces assises, ouvertes sous la présidence sereine du comte de Champagny, et clôturées par un de ces élégants discours de vulgarisation où la limpidité donnait tant de charme à l'éloquence de M. de Lapparent. Les rapporteurs avaient été dignes des sujets : Claudio Jannet pour l'Economie politique, d'Arbois de Jubainville pour la Linguistique, le P. Thédenat pour l'Epigraphie, de Barthélemy pour la Numismatique, l'abbé Duchesne pour les Antiquités chrétiennes, le P. Martinov pour la Littérature slave, Marius Sepet pour la Littérature du moyen-âge, M. de Puymaigre pour les Littératures méridionales, Firmin Boissin pour les Romans, Maxime de la Rocheterie pour la Révolution, le comte de Moustier pour la Littérature populaire.

Disons tout de suite que ces congrès décennaux eurent une suite heureuse et se poursuivirent avec un succès croissant et une activité accrue : en 1888, les séances gardèrent une sorte d'intimité entre les membres de la Société, où parurent comme nouveaux collaborateurs : le baron d'Avril, le chanoine Allain, Emmanuel de Margerie, Paul Allard, Albert Vandal, Baguenault de Puchesse, Godefroid Kurth. En 1898, elles reprirent un relief plus accentué sous la présidence du duc de Broglie. Pour suivre le mouvement scientifique, cinq séances extrêmement chargées n'épuisèrent pas les ordres du jour ; plus de cinquante mémoires étaient présentés. On applaudit un travail vraiment remarquable sur le *Roman contemporain*, par un professeur de l'Institut catholique de Toulouse, Charles Arnaud. M. Paul Fournier traita l'histoire du droit ; Georges Goyau, l'érudition en matière d'histoire romaine ; le docteur Ferrand, la médecine ; le P. de la Barre, l'Apologétique ; le chanoine Mangenot, l'Exégèse biblique ; M. Maisonneuve, les progrès de la philosophie thomiste. Les questions relatives aux « publications populaires » se trouvèrent assez rapidement traitées ; par contre la Bibliographie souleva d'ardentes controverses. Enfin on noua de solides relations entre les sociétés savantes catholiques du monde entier.

Cette maîtrise scientifique donnait un poids considérable à l'action de défense religieuse sur le terrain populaire. En face du mouvement maçonnique qui montait alors à l'assaut du pouvoir pour saper méthodiquement les bases de l'édifice social, *la Société bibliographique* voulait opposer livre à livre, enseignement à enseignement, école à école. Dès 1872, elle s'était donné la mission de dresser le bilan des collections socialistes et démagogiques qui pullulaient, de rédiger (par la plume du comte de Luçay, conseiller d'Etat) un rapport sur « la propagande démocratique », de répandre, pour y répondre, ses petites brochures à 25 centimes, ses abrégés, ses manuels. En une rencontre demeurée fameuse, les circonstances l'amenèrent à une bataille localisée. Au début de 1878, la libre pensée avait prétendu célébrer, dans une apothéose, le centenaire de Voltaire ; préparant des manifestations publiques, rééditant les pires blasphèmes, publiant un volume d' « Œuvres choisies » qui devait être à son gré « le bréviaire de tout jeune homme, le livre d'heures de toute femme ». — Ces exaltés ajoutaient : « Nous l'opposerons au catéchisme et les églises se videront. » La *Société bibliographique* accepta la lutte et prouva la possibilité de vaincre par des armes loyales l'action de l'impiété révolutionnaire. Elle lança des tracts vigoureux sur *Voltaire patriote*, *Voltaire ami du peuple*, *la Mort de Voltaire*, etc. ; en trois semaines ils atteignirent un tirage de 600 000 exemplaires. Le coup décisif fut porté par trois *Lettres* de Mgr Dupanloup ; avec toute la vigueur de sa verve polémique, il replaçait sous son vrai jour la figure de l'ami de Frédéric de Prusse. L'illustre évêque d'Orléans avait fait à *la Société bibliographique* l'honneur de lui confier son manuscrit et le soin de cette propagande ; 100 000 exemplaires s'étaient enlevés chez les libraires, 20 000 brochures furent adressées aux instituteurs de France. Cette publicité salutaire brisa le mouvement organisé pour des manifestations voltairiennes, les rieurs ne se trouvèrent pas du côté du philosophe de Ferney et l'insulte projetée contre l'Eglise retomba sur les insulteurs.

Cette campagne de brochures ne manqua pas d'être reprise à toutes les occasions qui s'offrirent et leurs titres disent assez en quelles circonstances déplorables : *la Légalité des congrégations non autorisées*, *la Liberté d'enseignement*, *l'Expulsion des Sœurs et des Frères des écoles publiques*, *la Résistance aux décrets du 28 mars*, *le Concordat et les articles organiques*, *l'Institut des Jésuites* (réédition du plaidoyer célèbre du P. de Ravignan), *la Laïcisation des hôpitaux*, *les Lycées de filles*, etc.

L'attention, la sympathie, la reconnaissance des

catholiques se portaient vers *la Société bibliographique ;*
on sentait la chaleur rayonnante de son action ; son
concours, son patronage étaient sollicités ; on l'estimait
capable de rajeunir des organisations plus anciennes et
un peu défaillantes. L'œuvre de Saint-Michel, dont le
but était de publier de bons livres, dirigée alors par le
P. Félix, songea à une entente toute naturelle ; les congrès catholiques en faisaient le vœu ; les pourparlers
engagés avec cordialité, souvent repris, n'aboutirent
pas, et c'est à regretter pour le bien général. Au contraire, avec le groupe des Publications populaires,
fondé en 1862 par le vicomte de Melun, la fusion fut
accomplie et complète ; ses membres estimèrent la
Société bibliographique mieux outillée pour poursuivre
leur tâche d'une façon plus large ; le comte de Moustier
fut le trait d'union d'une alliance offerte avec générosité, acceptée avec empressement. Elle permit à la
Société bibliographique de s'avancer résolument sur le
terrain des Bibliothèques populaires et d'ajouter à son
zèle ce nouveau champ d'action. Elle recevait par là
même le renfort de personnes considérables : M. Thu-
reau-Dangin, l'abbé Le Rebours, Joseph de la Bouillerie, le duc de Clermont-Tonnerre, le comte de Lau-
bespin, le duc de Périgord, etc...

La fraternité des cœurs suivait l'accord des intelligences : on se groupait aux messes patronales pour
entendre le P. Tailhan distribuer avec gravité une doctrine pénétrante ; dans les dîners mensuels où s'ébau-
chaient mille projets ; dans le *Salon bibliographique* dû
à l'initiative des marquis de Virieu et de Biencourt, du
baron de Chamborant surtout qui demeurait l'âme de ce
foyer ouvert aux confrères parisiens et aux amis de
passage.

Les hommes d'étude fréquentèrent la salle de lecture et la bibliothèque, les hommes d'œuvres prirent le
chemin de la salle de conversation ; on y vit avec

Robert de Mun l'état-major des Cercles catholiques, MM. Chesnelong, Emile Keller, les disciples de M. Le Play ; parfois des soirées musicales, souvent des conférences littéraires s'y donnèrent où l'on applaudissait Xavier Marmier, Henri de Bornier, le duc de Broglie, Maxime du Camp, Amédée de Margerie, Alfred de Lapparent, Léon Gautier, le vicomte de Meaux, Henry Cochin. Là encore se tenait la *Conférence d'études historiques*, formée par M. de Beaucourt pour les jeunes érudits sous la présidence des plus anciens d'entre eux : Terrat (1876), Marius Sepet (1882), Delachenal (1884), Guilhiermoz (1887), de la Roncière (1896), Deslandres (1900), Frédéric Duval (1902).

On se permettait tous les espoirs, tous les succès. L'épreuve qui souligne les choses de Dieu arriva à l'improviste et marqua le temps d'arrêt en 1882. D'abord les morts imprévues, soudaines et répétées : René de Saint-Mauris, secrétaire général infatigable ; le marquis de Virieu, propagandiste émérite ; la comtesse de Clermont-Tonnerre, présidente des dames patronnesses. Puis, par raison d'économie, la librairie de la Société fut dissoute, d'où le ralentissement de la production et la naissance de préjugés qui, à tort, firent attribuer à l'œuvre un côté commercial. Enfin, avec un grand trouble politique, une crise financière générale sévissait alors en France ; plusieurs sociétaires demeurèrent atteints et les générosités se ralentirent.

*
* *

Les bibliothèques populaires, en maintenant l'activité matérielle, ramenèrent la prospérité morale ; on éditerait moins de livres, on en prêterait davantage. Prenant les fonctions de secrétaire général, le comte de Bizemont, qui venait de renoncer à une brillante carrière de marin, se voua tout entier à cet apostolat. Il avait connu au diocèse de Nancy le fonctionnement et le succès des bibliothèques « circulantes » dues depuis trente ans à l'initiative de son oncle le vénérable comte de Lambel ; il adopta, développa, propagea la méthode extrêmement simple de séries de 25 volumes par caisses sans cesse renouvelables, interchangeables, moyennant un petit abonnement annuel ; séries pour jeunes gens et séries pour jeunes filles, chaque série comprenant des romans honnêtes, des livres d'histoire, quelques vies de saints, sans oublier les voyages choisis avec compétence par ce capitaine de frégate qui partageait sa retraite laborieuse entre la Société bibliographique et la Société de géographie.

Dès 1888, il créait dans Paris un réseau de bibliothèques circulantes sous le patronage du coadjuteur, Mgr Richard, et grâce au concours de dames patronnesses qui n'ont jamais cessé de pourvoir aux besoins des achats renouvelés. Le succès s'accentuait, les demandes se multipliaient, au point d'alarmer quelque peu la prudence de M. de Bizemont qui disait non sans malice : « Notre Société est prospère en ce sens qu'elle est de plus en plus appréciée de sa clientèle qui profite de ses libéralités ; mais c'est une prospérité qui deviendrait onéreuse si l'offre ne correspondait pas à la demande, si le recrutement des membres ne suivait pas la même progression ascendante que les besoins auxquels nous avons à pourvoir. »

Les dames patronnesses s'employaient à ce recrutement. Leur comité a été présidé successivement par la comtesse de Clermont-Tonnerre (1880), la marquise de Virieu (1883), la marquise de Coriolis (1886), la comtesse de Saint-Phalle (1893), la marquise de Beaucourt (1898), Mme de Boistertre (1901), la comtesse Charles de Brissac (1913). A chacune des qualités diverses, chez toutes un zèle également ingénieux. On avait vite franchi les barrières de Paris et les Bibliothèques renouvelables poursuivaient leur tour de France; le choix des volumes se spécialisa : pour la ville, pour la campagne. M. de Bizemont suffisait à tout : rédaction des catalogues, revision des ouvrages, réparation matérielle des volumes, organisation des départs, installation des dépôts. Bras droit de M. de Beaucourt, d'une modestie égale à la sienne, il allait de province en province, orateur des réunions diocésaines, des Congrès, des Assemblées catholiques, exposant les avantages, les facilités de ces bibliothèques et son aménité ne recueillait que des adhésions.

De plus en plus la *Société bibliographique* portait son action dans les départements; en 1890, elle inaugurait ses Congrès provinciaux. C'était en Normandie, à Caen. Ceux qui participèrent à ces assises se souviennent encore des journées de travail à l'ombre de la vieille église Saint-Jean, suivies de soirées, de causeries bien avant prolongées dans la nuit, où l'on poursuivait « les longs espoirs et les vastes pensées ». Des monographies remarquables, des mémoires importants, des découvertes discrètes qui n'attendaient que cette occasion sortirent des tiroirs. Le rajeunissement des esprits, l'encouragement des volontés se traduisaient par un groupement immédiat. Le programme adopté était fort simple, il demeura uniforme : 1re journée : l'action de la *Société bibliographique;* 2e journée : le mouvement intellectuel du pays; 3e journée : la propagande.

Après Caen (1890), comme en autant d'étapes brillamment parcourues, on se réunit à Lyon (1891) où Charles Jacquier fut éloquent à sa coutume; — à Besançon (1892) où un jeune vicaire général, qui allait devenir Mgr Touchet, affirma son talent; — au Mans (1893) devant un auditoire si intéressé qu'il augmentait à chaque séance; — à Montpellier (1895) dont l'Evêque, un fin lettré, accueillit le Congrès qui s'alla sanctifier au tombeau de saint Benoît, dans l'abbaye d'Aniane, conduit par Dom Cabrol et Dom Mocquereau ; — à Nancy (1896) où l'enthousiasme du secrétaire général d'alors, Amédée de Bourmont, célébra en connaisseur les archives de la vieille Lorraine ; — à Poitiers (1900), réunion organisée par les Bénédictins de Ligugé. Toutes ces villes, de milieux intelligents et littéraires, avaient été naturellement choisies pour leurs qualités et leurs ressources. On n'y éprouva aucune déception. A Paris, le trésor général de la Société profitait de tout cet afflux de bonnes volontés.

Et voilà que sur le tronc poussa une branche très verte et très vite riche de fruits : *la Société d'histoire contemporaine*. Elle se donnait pour mission d'éditer manuscrits, textes, documents originaux à partir de 1789, date à laquelle s'arrêtaient les publications de la *Société d'histoire de France* fondée en 1832 par Guizot. C'était réaliser une vieille pensée qui hanta, dès les débuts, M. de Beaucourt et ses amis. Sous leurs auspices, à l'automne de 1890, naquit cette fille de la *Société bibliographique;* elle a depuis fait grand honneur à la mère. Ses premiers pas furent confiés à un éducateur émérite : M. de la Sicotière, type du collectionneur heureux, de l'érudit avisé, du chercheur de problèmes mystérieux. A sa mort, la baron de Barante, puis Victor Pierre; après eux le comte Boulay de la Meurthe, enfin M. Paul Lacombe présidèrent ses travaux. A la veille de la guerre (date d'un arrêt momentané dans l'activité des productions de l'érudition historique), la Société avait publié 60 volumes, parmi lesquels, à ne pouvoir les citer tous, il convient de rappeler le recueil authentique des lettres de Marie-Antoinette pour lesquelles s'était, dès sa jeunesse, passionné M. de Beaucourt et qu'avec Maxime de la Rocheterie il avait été conquérir en partie sur les Archives secrètes de la cour de Vienne; — les papiers du duc d'Enghien, recueillis par la compétence scrupuleuse de M. Boulay de la

Meurthe ; — les Souvenirs si curieux du marquis de Bouillé ; — la Correspondance du comte de la Forest, ambassadeur de Napoléon en Espagne, qui présente, en 7 volumes, la plus ample information encore révélée des Archives diplomatiques du premier Empire.

La modestie même du marquis de Beaucourt ne pouvait lui voiler les résultats de son intelligente persévérance. Il rêvait toujours l'amélioration de son œuvre, quand la Providence jugea qu'elle le pouvait rappeler pour couronner ses mérites.

Mon Dieu, j'ai combattu soixante ans pour ta gloire !

Il entrait, en réalité, dans sa soixante-dixième année avec une verdeur qui laissait à ses amis de longues espérances ; soudain, il fut foudroyé un matin, en rentrant de la messe, le 12 août 1902, pendant le temps de repos qu'il passait chaque année dans sa terre de Morainville. Autant que sa famille, la *Société bibliographique* était découronnée de son chef. Personne n'a jamais pensé remplacer le fondateur, mais en suivant ses exemples, ses successeurs ont essayé de perpétuer sa mémoire.

Ce fut l'idée maîtresse qui anima le comte Aymer de la Chevalerie en prenant place au fauteuil de la présidence. Homme d'œuvres d'un dévouement intégral, homme du monde d'une courtoisie charmante, homme d'action d'un zèle indéfectible, français de vieux lignage et chrétien de bonne race, le comte Aymer entrait en charge à une époque difficile. La persécution passait sur l'Eglise de France, le gouvernement, avant de rompre avec Rome, en cherchait déjà les prétextes, des lois sournoises ligotaient les congrégations, les associations pieuses, les sociétés et les œuvres catholiques. La vertu de prudence devenait essentielle ; plus on faisait de bien, plus on pouvait craindre le mal. Le cadre de la *Société bibliographique* se rétrécissait fatalement et ceci à la lettre, puisque des vastes appartements du boulevard Saint-Germain, de l'hôtel majestueux de la rue Saint-Simon, des grands salons de la rue Saint-Dominique, on revint à l'antique maison de la rue de Grenelle où l'on retrouvait du moins le voisinage très apprécié de la Société d'Education. L'habit ne fait pas le moine, le cadre ne constitue pas le tableau, néanmoins une certaine ampleur est nécessaire au développement normal d'une œuvre. L'activité restreinte de la *Société bibliographique* fut dirigée vers les bibliothèques populaires, si nécessaires en effet; et comme la présidente des dames patronnesses, Mme de Boistertre, sut recruter de zélées collaboratrices, le bien se fit, s'accentua, s'organisa; un roulement de plus de 3o.ooo volumes s'établit annuellement en France avec un succès qui amena des adhésions, suscita des émulations, ne disons pas des rivalités; on n'est d'ailleurs jamais trop nombreux pour faire le bien.

**
**

La Société, en partie avec un legs généreux de son fondateur, organisa des concours. Elle décerna le « prix Beaucourt » aux meilleurs livres destinés aux récompenses des écoles primaires; le « prix des Dames patronnesses » à la meilleure organisation des bibliothèques populaires. Elle offrit le « prix de la *Société bibliographique* » au meilleur manuscrit sur un épisode de l'histoire de France, entre 1789 et 183o, réservant le concours à de jeunes écrivains français débutant dans les lettres. Chose qui parut alors singulière et qui demeure encore regrettable, il ne se rencontra pas de concurrents pour conquérir cette dernière couronne, et cette abstention fournit peut-être un indice sur la tournure d'esprit un peu prosaïque de la jeunesse à la fin du dix-neuvième siècle. Au contraire, les deux premiers concours avaient été vivement disputés et la palme ne fut décernée qu'après un rapport très scrupuleux du prince Louis de Broglie.

L'apostolat scientifique ne souffrit pas de ce que l'on se tournait avec opportunité vers les humbles ; ce devoir de la vulgarisation, on se fit honneur de le remplir en prenant part à la collection *Science et Religion* ; naturellement sur le terrain de l'histoire. Un groupe de collaborateurs se réunit autour de Dom Besse, bénédictin de Liguge. Une douzaine de brochures parurent : *D'où viennent les moines ; — l'Eglise et l'enseignement populaire ; — la Révolution française et l'enseignement national ; — les Juifs en France ; — le Christianisme au pays de Ménélick ; — l'Eglise et le rachat des captifs ; — la Propriété foncière du clergé sous l'ancien régime ; — le Jubilé de 1825 ; — le Catholicisme dans les pays scandinaves ; — les Missions protestantes ; — l'Idée de la mort dans l'art chrétien ; — Jeanne d'Arc a-t-elle abjuré ?*

Ces études diverses demeuraient essentiellement personnelles à leurs différents auteurs. Un travail d'ensemble fut proposé aux membres de la Société : publier un grand ouvrage sur tous nos évêques du dix-neuvième siècle. Les circonstances donnaient précisément une délimitation à ces recherches: le gouvernement venait de déchirer le contrat de Pie VII et du Premier Consul ; il était loisible d'écrire toute l'histoire de l'*Episcopat français* pendant la période concordataire (1802-1905) qui était close. L'un des vice-présidents de la Société, M. Victor Pierre, prit la direction de cette vaste enquête ; il y fut aidé spécialement par M. le chanoine Pisani, tous deux historiens experts des papiers de la Révolution. Dans chaque diocèse, ils rencontrèrent des érudits très au fait des Archives et des traditions locales ; et après trois ans de préparation studieuse, au début de 1907, parut avec une préface de Mgr Baunard cet ouvrage qui restera un instrument classique pour tous les travailleurs. Ce majestueux in-quarto comprend, dans l'ordre alphabétique de tous les diocèses, tous les évêques par ordre chronologique et pour chacun d'eux un résumé de leur vie, de leur administration, de leurs œuvres, la nomenclature de leurs livres et mandements, la bibliographie, la biographie, l'iconographie, les armoiries qui les concernent.

M. Aymer de la Chevalerie était hautement fier qu'une telle entreprise eût été menée à bien pendant son consulat. Il en prit occasion pour retracer, à des Assemblées générales successives, l'historique de la Société et ces renseignements, recueillis par ses soins, demeurent précieux pour la vie de toutes les œuvres catholiques.

Qui parmi les hommes de bien de la seconde moitié du dix-neuvième siècle n'a pas en effet figuré sur les contrôles de la *Société bibliographique* et n'en demeure tributaire par le concours qu'il lui a apporté, par les services qu'il en a reçus? Et naturellement, au fur et à mesure que les années s'écoulaient, tombaient sur la route bien des soldats de la vaillante armée. Des pages ne suffiraient pas à dresser une nécrologie complète de ces temps-là : l'abbé de Broglie, Mgr d'Hulst, le P. Clair, le P. Sommervogel, le chanoine Connelly, Mgr Germain, Mgr Hugonin, Mgr Bécel, Mgr Fava, le cardinal Langénieux, Michel Cornudet, Victor Fournel, M. de la Villemarqué, Tamizey de Larrocque, Lucien Brun, Chesnelong, Ernoul, Charles de Ribbes, l'évocateur des *Livres de raison*; de Marsy, le directeur de la Société d'archéologie; Calemard de la Fayette, le poète élégant de la vie rurale ; Arthur de la Borderie, l'historien de la Bretagne; le baron de Claye, M. d'Herbelot, le comte de Luçay, le comte de Blois, le marquis de Gabriac, Léon de la Brière, Boyer de Bouillane, Émile Keller. Sans doute, beaucoup de ces hommes laborieux s'éteignirent après une longue vieillesse : M. de Lambel, le baron d'Avril, le comte de Puymaigre, Anatole de Barthélemy, le comte de Vorges, Charles de Kirwan, Maxime de la Rocheterie, par exemple. Mais beaucoup, jeunes encore ou simplement avancés dans la vie, furent frappés soudain, sur la brèche, en pleine activité, de la belle mort du soldat, les armes à la main. Ce fut le cas foudroyant du marquis de Beaucourt, de René de Saint-Mauris, de Félix de Roquefeuil, du comte de Bizemont, d'Amédée de Bourmont, de Victor Pierre, de Raoul Ancel, de Victor de Marolles, d'Henri Taudière.

Il en advint ainsi de M. le comte Aymer de la Chevalerie : à la fin de l'Assemblée générale de 1909, dans la grande salle de l'Institut catholique, il fut saisi par un mal soudain ; d'un suprême effort il poursuivit son allocution et ne quitta la parole que le dernier mot de son discours prononcé. Dieu l'attendait là pour demander à sa générosité un pénible sacrifice. C'est une science bien rare chez ceux qui commandent de savoir entrer dans la retraite, d'une volonté clairvoyante et libre. M. Aymer prit cette résolution qui lui coûtait, partageant entre la souffrance et la prière les heures de grâce qui enveloppèrent d'un grand silence le soir de sa vie.

Les circonstances désignèrent, pour venir occuper ses fonctions, le vice-président alors en exercice (mai 1910). J'acceptai une charge qui ne devait être légère que par le respect des traditions et le concours de mes confrères. J'étais un vétéran de la Société, très attaché à ses œuvres et leur devant beaucoup ; l'amitié de M. de Beaucourt m'honorait d'une sympathie particulière et l'obéissance à sa mémoire me pressait. Le mandat renouvelé depuis lors s'est exercé dans le désir de demeurer fidèle aux exemples de notre fondateur. Il n'y avait qu'à entendre, comme une voix d'outre-tombe, l'enseignement qu'il donna quand il avait tracé ce portrait de l'homme du monde homme d'étude, dont sa figure reste le modèle :

« Celui qui se tient au courant du mouvement intellectuel, celui qui sait se faire une spécialité ou tout au moins s'intéresser à une branche particulière de la science, celui qui s'impose la loi de suivre nos adversaires sur le terrain dont ils prétendent avoir le monopole ; celui qui observe attentivement les attaques dont chaque jour la religion, nos livres saints, nos institutions chrétiennes, notre passé historique sont l'objet; celui-là se met en état de tenir tête à l'ennemi et le force dans ses retranchements (1). »

Cette belle mission, Léon XIII la justifiait avec une autorité suprême ; dans l'Encyclique *Humanum Genus*, après avoir rappelé au clergé son devoir de servir l'Eglise par la science, il ajoutait : « Toutefois une cause si belle et d'une si haute importance appelle à son secours le dévouement intelligent des laïques qui unissent les bonnes mœurs et l'instruction à l'amour de la Religion et de la Patrie. »

Vérité nécessaire, notre force, notre orgueil, qui paraît évidente à tous les bons esprits. Paul Bourget disait bien : « Vos amis et vous, vous vous êtes proposé tout simplement de redresser, par une immense propagande de livres et de publications populaires, la mentalité de vos concitoyens ; la *Société bibliographique* est donc, à sa façon, une œuvre de salut public. »

La vie de la Société se continua avec confiance par le fonctionnement normal de ses rouages, surtout son *Bulletin* mensuel, organe de son Conseil dont il rap-

(1) Assemblée générale de 1885.

porte les séances, lien de ses membres dont il mentionne les travaux, à qui il fournit des renseignements, des listes de livres, l'analyse des volumes propres à constituer des bibliothèques populaires. Pour accélérer même ces indications sur les nouveautés de librairie et gagner du temps à une époque où l'on attend la réponse avant d'avoir achevé la question, on créa un petit recueil mensuel : *Que lire ?* et le titre disait le but.

Un prêtre zélé de Saint-Sulpice, dont la modestie s'effaçait volontiers, encore qu'il fût très documenté par le fait qu'il dirigeait un centre de lectures bien connu à Paris : *la Bibliothèque des familles*, dans la rue Saint-Placide, M. l'abbé Charles, mit à cette entreprise, aidé par le comte de Courson, son savoir-faire, son activité, sa persévérance. *Que lire ?* répondait à un grand besoin puisqu'il obtint un grand succès : 5.000 abonnés en trois mois. Tout y fut mené rapidement : le premier jour du mois, la liste des « nouveautés » est dressée, achetée le 3, répartie le 5, distribuée le lendemain aux examinateurs ; le compte rendu en quelques lignes doit être remis huit jours après, envoyé à l'imprimerie le 20, corrigé le 25, et le 30 le fascicule paraît. Pour les romans (français et étrangers), le procédé fut assez ingénieux : huit, dix, quinze collaborateurs ou collaboratrices cultivés appartenant à des milieux différents recevaient un exemplaire du volume : de leurs avis réunis on formait un compte rendu homogène, signalant à l'occasion les réserves particulières ; la « critique » obtenait ainsi le *maximum* de célérité et d'impartialité (1).

C'était une arme légère à manier, prompte, rapide, une feuille volante, *sagitta volante in die*, qui frappa bientôt à la porte de plus d'une famille, devint un

(1) La publication *Que lire ?* interrompue par les événements en août 1914, reprendra aussitôt après la guerre.

guide de lecture véritable à toutes celles chez qui elle pénétrait pour les défendre du péril de la littérature diabolique audacieusement étalée au grand jour des vitrines, *ab incursu et dæmonio meridiano*. Elle ne faisait pas double emploi ni concurrence au grave et savant *Polybiblion*, qui se consulte à loisir, toujours nécessaire pour les ouvrages de fond, les analyses rigoureuses, les vues d'ensemble, l'immense production intellectuelle qui ne tarit jamais.

Dans le même esprit d'offensive et de riposte rapide, fut inaugurée, en 1912, une nouvelle série de brochures à 25 centimes, publications alertes, courtes, de 32 pages, à égale distance d'un traité scientifique et d'un tract populaire, devant saisir le lecteur autant par l'intérêt du sujet que par l'autorité de l'auteur. A une époque où chacun, parlant de tout, parle de ce qu'il ignore, on avait l'originalité de confier à un spécialiste le soin de dire seulement ce qu'il savait. Ces brochures vertes exposaient : *L'Œuvre sociale de l'Etat belge*, la *Crise de la domesticité*, la *Conquête de l'air*, les *Dangers du modernisme* ou de *la Morale laïque*, ceux que couraient *la Famille française* ou nos *Eglises rurales* après la loi de séparation ; les bienfaits de la *Société de Saint-Vincent de Paul*, des *Petites Sœurs de l'Assomption* ; elles disaient ce qu'était *l'Association catholique de la Jeunesse française*, ce que devaient être *les Hommes de demain*. Les auteurs ne s'imposaient-ils pas par leur compétence ? Georges Goyau, René Bazin, Maurice Barrès, le colonel Renard, Henri Joly, de Lamarzelle, Henri Taudière, Eugène Tavernier, Henri Reverdy.

La douzième de ces brochures était sous presse au mois de juillet 1914, elle avait pour titre : *Le Moindre Effort*. René Bazin y dénonçait le péril de ce mal de langueur qui nous rongeait et il jetait un coup de clairon dont l'opportuinité s'allait encore mieux comprendre. La guerre a malheureusement arrêté cette série qui sera reprise s'il plaît à Dieu et qui avait reçu les promesses les plus sympathiques d'Albert de Mun, de M. Groussau, de Mgr Baudrillart, du P. Janvier, du comte d'Haussonville, d'Etienne Lamy, de M. de la Gorce, de Camille Bellaigue, de l'abbé Thellier de Poncheville, d'Henri Welschinger, de Lacour-Gayet.

La tradition des grandes publications bibliographiques n'était pas méconnue : sous le sceau de la Société, avec les notes de l'abbé Fesch, par les soins de M. Joseph-Rémy Denais, fut commencée la *Bibliographie de la Franc-Maçonnerie et des Sociétés secrètes* (imprimés et manuscrits). Entreprise qui s'appuyait sur un travail de bien des années, une science livresque prodigieuse, les trouvailles les plus heureuses, une impartialité constante. Les francs-maçons ont publiquement reconnu là « une œuvre surprenante qui surpasse tout ce qui a été fait jusqu'à ce jour ; le plus grand trait de lumière qui aura jamais été projeté sur notre Association », disaient-ils. Le vaillant ouvrier qu'était Joseph-Rémy Denais vient de mourir ; les matériaux de ses recherches subsistent en bon ordre ; on les retrouvera.

Tous ces efforts obtenaient la publicité de la presse, les encouragements des grandes compagnies savantes, les suffrages de l'Episcopat et les bénédictions de Rome. Pie X se plaisait à les multiplier par des paroles ou des lettres ; il avait accordé à la Société un Cardinal Protecteur, le P. Billot, choisi parce qu'il était l'un des théologiens français possédant le mieux sa confiance et dont la haute autorité convenait à l'orthodoxie que la *Société bibliographique* s'était toujours fait gloire de rechercher. Dès son avènement, Benoit XV renouvela les marques d'estime qui dataient de Pie IX et de Léon XIII.

La Société bibliographique maintenait des relations de plus en plus fréquentes avec tous les groupements de l'esprit et de la charité : la Société d'Education, la Société de Saint-Vincent de Paul (ses présidents successifs : MM. Baudon, Pagès, Calon, d'Hendecourt furent fidèles à s'inscrire dans ses rangs), les Publicistes chrétiens, les Jurisconsultes catholiques, l'Œuvre des Campagnes, l'Action populaire de Reims, le Bureau d'information, la Ligue patriotique des Françaises, le Foyer, la Protection de la jeune fille. En Belgique, elle fraternise étroitement avec la *Société scientifique* de Bruxelles, au Canada avec l'Ecole sociale populaire de Montréal, en Angleterre avec la *Catholic Truth Society*. Elle prend part à tous les Congrès, elle est représentée à toutes les Assemblées, ses membres sont appelés dans tous les Comités diocésains. Ceci est à souligner parce que justement son rôle est de rendre des services en tout temps et partout aux catholiques sur le terrain spécial des lectures et des livres.

La guerre actuelle allait en fournir une preuve nouvelle. Au mois d'août 1914 chacun se dispersa, courant à ses devoirs patriotiques ; les plus jeunes membres du Conseil avec le secrétaire général, le baron Charles de Beauchamp, rejoignaient leur régiment et le premier qui tomba à l'ennemi, Robert de Fréville, ouvrit une liste qui n'est pas close. Les bureaux se fermèrent, la vie extérieure se raréfiait, 246 sociétaires se trouvaient bloqués dans les départements envahis ou occupés par nos troupes, 4000 volumes des Bibliothèques populaires demeuraient en perdition dans le Nord et l'Est ; petites brochures et grandes publications s'arrêtèrent ; l'Almanach pour 1915 ne fut pas rédigé, les éléments préparés ne répondant plus aux préoccupations du moment ; une dernière livraison de la *Revue des questions historiques* parut pour terminer l'année 1914. Toutefois le *Bulletin* continua, gardant sa périodicité mensuelle, et le *Polybiblion* tenant tête à l'orage, maintint par des livraisons doubles son texte dont les rédacteurs corrigeaient les épreuves au Front. On avait pensé tout d'abord que l'analyse des livres cesserait, les livres cessant eux-mêmes de paraître. Or une littérature nouvelle a surgi, « les Publications relatives à la guerre »; cette rubrique a pris un développement considérable, nécessitant des chapitres spéciaux sur la Belgique, l'Angleterre, l'Italie, etc.

La *Société bibliographique* allait d'ailleurs non seulement « rendre compte » des travaux d'autrui, mais agir. Il lui suffisait d'appliquer à la guerre son travail et ses ressources des jours de paix et c'est sans doute pourquoi elle fut prête sur l'heure sans avoir à créer une organisation de fortune. Dès que nos premiers prisonniers arrivèrent en Allemagne, il fallut s'ingénier pour eux : on leur envoya des vêtements, des vivres ; il convenait de leur apporter aussi un réconfort moral, une nourriture intellectuelle. Le Cardinal Archevêque de Paris confia cette mission à la *Société bibliographique*. Elle l'accepta sans hésiter, donna ses réserves de livres et lança à la générosité de ses amis un appel aussitôt entendu.

Dans le cadre pittoresque du vieux cloître de la Visitation dont elle était voisine s'amoncelèrent les volumes pour le triage, l'empaquetage, le départ. Des hommes et des femmes du monde, lecteurs de bonne volonté, s'occupèrent à classer tout ce qui arrivait (du bon, du médiocre, du pire) tombé un peu pêle-mêle des rayons des bibliothèques que l'on vidait entre leurs mains. Une mise au point assez délicate était nécessaire, un discernement tout spécial s'imposait, il convenait de procurer à nos prisonniers des lectures distrayantes, instructives, réconfortantes, dignes de leurs âmes, capables de les soutenir dans l'épreuve et l'isolement ; un jugement serait porté sur la littérature française au sujet des livres eux-mêmes qui allaient franchir la frontière. C'était un motif de plus pour les bien choisir.

Sous le couvert de l'ambassade d'Espagne à Berlin d'abord, grâce à l'intermédiaire de la Mission catholique suisse à Fribourg ensuite, enfin directement par paquets individuels, la *Société bibliographique* depuis quatre années a multiplié ses envois. Elle a reçu beaucoup de dons en nature; les grands éditeurs : Hachette, Calmann-Lévy, Perrin, Gabalda, la *Bonne presse*, Plon, de Gigord, Gautier, Lethielleux, ont tenu à honneur de lui céder à des prix de faveur les réserves de leurs magasins; le *Correspondant*, la *Revue hebdomadaire*, les *Lectures pour tous*, l'*Illustration*, le *Miroir* ont donné des ballots de livraisons; les auteurs ont parfois royalement répondu à son appel : l'abbé Garnier a envoyé dix mille évangiles; Mgr de Gibergues, mille exemplaires de ses *Instructions aux hommes du monde;* la Société de Saint-Vincent de Paul, trois mille *Petites Lectures;* quand le Cercle agricole et le Cercle de la rue Royale fusionnèrent pour devenir le « Nouveau Cercle », ils songèrent aimablement à offrir les doubles de leurs deux salons de lectures, et ce fut un très joli lot.

Une liste de souscriptions était ouverte à la tête de laquelle le Cardinal Amette s'était inscrit « en prince » de l'Eglise ; après lui, l'Agence des Prisonniers de guerre, le Comité des Colonies, la Société des Conférences et ces milliers d'amis ou d'inconnus, parfois anonymes, ces petits donateurs, grands par l'effort et la pensée, qui versent leur obole comme une offrande nationale.

Un comité de patronage s'était constitué, sous l'inspiration de Noël Valois, en partie parmi ses confrères de l'Institut ou de membres de l'Académie française : René Bazin, de la Gorce, Denys Cochin, Maurice Barrès, Babelon, Cordier, Durrieu, Paul Fournier, Paul Sénart, le P. Thédenat, Welschinger. Ce sont là de bons patrons d'une œuvre patriotique et intellectuelle. Pour la correspondance, M. de Lanzac de Laborie tint la plume et c'était là un bon secrétaire.

En même temps que des prisonniers on s'occupa des combattants au Front, des marins de la flotte, des hommes dans les cantonnements de repos, des blessés dans les ambulances, des malades dans les hôpitaux, des internés en Suisse, des soldats de l'armée belge, des réfugiés en Hollande. Aujourd'hui le total de ces dons atteint *176.600* volumes, dont : *64.533* en Allemagne, *65.785* au Front, *36.268* dans les ambulances, *12.025* à l'armée belge, *1.520* aux internés en Suisse.

D'autres font autant, font mieux, d'autres possèdent, avec les finances de l'Etat, des ressources plus grandes, mais ce qui peut caractériser les « paquets » de la *Société bibliographique*, c'est la sélection appropriée de ses envois. Elle s'inquiète avant tout du destinataire, elle gradue à la culture de la personne, à sa mentalité, à son état d'âme, le genre de lecture qu'elle lui adresse. Très souvent elle répond au propre désir qu'il lui fait exprimer de recevoir tel ouvrage familier à ses études d'autrefois, nécessaire à ses études d'avenir, car nos prisonniers occupent leurs loisirs forcés non seulement à se distraire pour oublier leur misère, mais surtout à acquérir des connaissances techniques pour retrouver leur carrière ou en préparer une.

Arrivées par milliers, les lettres de gratitude (les accusés de réception d'Allemagne atteignent 60 pour 100) donnent cette note spéciale de reconnaissance motivée. Ceux qui remercient apprécient surtout les lectures « sérieuses », ils le disent et ajoutent spontanément : nous nous retrouverons en rentrant en France, après la bataille, et travaillerons ensemble au salut de notre pays. Voilà pour la *Société* un recrutement futur, elle vient de semer sans y songer et la moisson lève déjà. En délassant et réconfortant aux heures terribles, elle aura préparé l'après-guerre.

Au nom de ses compatriotes, le ministre de la Justice de Belgique, M. Carton de Wiart, en a apporté l'éloquent témoignage en venant présider l'Assemblée générale de 1916, où il saluait la Société « comme une des plus belles fleurs nées sur le sol de la science au grand soleil du dévouement ». Dès 1915, l'Académie a voulu lui décerner une des distinctions qu'elle réserve aux œuvres de zèle patriotique.

Le Saint-Siège, après des encouragements réitérés, envoyait des bénédictions explicites et le cardinal Gasparri précisait la pensée de Benoît XV : « Vos efforts pour répandre les bonnes lectures au milieu des soldats qui représentent aujourd'hui une si grande partie de la jeunesse française sont quelque chose de plus qu'une bonne action, ils sont à eux seuls une belle victoire remportée sur le mal dans l'intérêt des âmes et vous pouvez être fiers de rendre à votre noble pays, au milieu de la lutte, *un service dont la portée va bien au delà des contingences actuelles.* »

N'est-ce pas une belle citation à l'ordre du jour?

Un autre champ d'action s'apercevait déjà : les écoles d'Alsace dans les cantons de Thann et de Massevaux. Avec le fraternel concours de la Société d'Education, la *Société bibliographique* a donc envoyé : livres de prix, de classe et de lecture. Si ce fut une charge, elle a été bien allégée par les lettres naïves de tous ces petits enfants, émerveillés, flattés et ravis.

Il parut naturel que dans le *Comité catholique de propagande française à l'étranger* la *Société bibliographique* fût représentée. A la vérité les deux tiers des membres groupés autour de Mgr Baudrillart se trouvèrent de ses sociétaires et la majorité des collaborateurs des grandes publications entreprises se peuvent réclamer également de cette qualité. En ces temps difficiles, sans sortir de son rôle, elle a ainsi maintenu, peut-être agrandi, sa réputation, et lorsqu'on a voulu parler de son activité, on lui a fait un mérite de savoir tenir compte « de la hiérarchie des idées », d'apporter un remède efficace au grand fléau du « paupérisme intellectuel », de remplir le devoir social qui incombe aux élites (1). Par la logique de ses actes, elle aura donc continué d'atteindre son but dans les circonstances actuelles et René Bazin a voulu la définir ainsi : « On pourrait l'appeler la Société des bonnes et belles Lettres de France, éditrice, vulgarisatrice de science vraie, de littérature saine, d'histoire exacte ; elle a eu pendant les années de paix un rôle excellent, elle a pendant la guerre un grand rôle (2).

*
* *

A l'heure de sa cinquantaine, la conclusion pratique du résumé de son histoire c'est de montrer ses instruments de travail et l'usage utile que chacun en peut faire. Tout sociétaire (la liste atteint aujourd'hui le chiffre de 12.000), en ouvrant le *Bulletin* mensuel, y trouve relatés la vie de la Société et les travaux de ses membres. La *Revue des questions historiques* le tient au courant des problèmes d'histoire à l'ordre du jour et les plus variés. 250 revues françaises et étrangères sont à sa disposition soit dans une salle de lecture, soit par un service de prêt. Le *Polybiblion* lui fournit, par la plume de 80 collaborateurs, chacun avec l'autorité de sa compétence, le compte rendu de tout livre nouveau ; recueil indispensable à ceux qui lisent beaucoup et à ceux qui lisent peu, pour éclairer le choix des premiers et l'ignorance des seconds ; il apporte aux uns la sécu-

(1) Mgr Tissier, évêque de Châlons, à l'Assemblée générale de 1917.
(2) *Echo de Paris*, janvier 1917.

rité de la science, aux autres il procure la satisfaction d'être renseignés sans efforts » (1).

Voilà pour les études personnelles de chacun ; voici pour la vulgarisation auprès de tous : les *Bibliothèques populaires* renouvelables ; leur total monte actuellement à 3o.ooo volumes.

Cette organisation si simple peut, sans briser son cadre, indéfiniment s'élargir ; les services de renseignements et d'achats qu'elle rend à ses membres s'augmenteront par l'accroissement de leur nombre ; en utilisant les avantages qui leur sont offerts, ils se sont groupés surtout pour une action intellectuelle ; s'ils grossissent les ressources de la Société, elle multiplie ses dons de livres, ses bibliothèques, ses brochures, ses catalogues, sa documentation, sa production. Point de propagande plus féconde à cause de sa répercussion infinie ; une parole passe, un exemple s'amoindrit, un souvenir s'efface, un livre reste et il n'y en a aucun d'indifférent. Il conviendrait que tout catholique qui vient de lire note aussitôt à qui cette lecture peut convenir ou nuire.

La *Société bibliographique* est là pour recueillir ces indications, les passer s'il le faut au crible de sa critique, les utiliser sans retard. Que chacun se tourne vers elle pour lui demander un renseignement et aussi pour le lui fournir, il servira à d'autres et peu à peu de ces connaissances mises en commun se formera un trésor où la foule des lecteurs viendra puiser avec confiance, il n'y aura plus qu'à poser le doigt sur le clavier dont la touche rendra un son juste, clair et sonore ; on fera ainsi la fortune d'un bon livre, on répandra d'un bout du pays à l'autre une opportune vérité, on combattra victorieusement une erreur ; on agira avec

____

(1) L'abonnement au *Polybiblion* est de 20 francs par an ; pour les membres de la Société, de 17 francs.

méthode et ensemble ; le goût des lectures en sera
élevé et le niveau des lectures c'est l'étiage moral de la
France. Devant ce vœu exprimé si souvent par tant de
chefs de paroisses, d'usines, de cercles, de patronages,
de maîtres d'école, de mères de famille, de gens qui
ont charge d'âmes et peu de loisir parfois, il semble
qu'il n'y ait pas de témérité ni d'illusion à imaginer le
succès d'une pareille œuvre ; elle a fait ses preuves,
déjà forte de cinquante ans d'expérience, elle trouvera
les éléments d'une vitalité plus intense dans le renou-
veau qui suivra la guerre, fidèle au programme de ses
fondateurs : l'apostolat par le livre.

APPENDICES

I

LE CINQUANTENAIRE
DE LA SOCIÉTÉ BIBLIOGRAPHIQUE

(7 février 1918)

« L'œuvre accomplie en ce demi-siècle a été considérable, et la première pensée qu'ont eue les continuateurs de M. de Beaucourt a été d'en remercier Dieu. La célébration des noces d'or a commencé jeudi matin par une messe d'actions de grâces, au cours de laquelle a pris la parole M. le chanoine Clément, secrétaire particulier du cardinal archevêque de Paris. Il l'a fait avec une profonde piété, en appliquant aux intentions de la Société des paroles du canon de la messe, avec une grande délicatesse de sentiments et avec une connaissance des nécessités intellectuelles de l'heure présente, qui faisait transparaître en sa personne éminemment sacerdotale l'érudit formé à l'École des chartes.

Après la messe, un repas simple a uni les membres de la Société. On applaudit le toast de M. de Grandmaison, exaltant en termes profondément chrétiens la Papauté, et affirmant le dévouement sans réserve de la Société au Saint-Siège ; celui de M. Marius Sepet, évoquant avec émotion et esprit les fondateurs et les collaborateurs défunts de la Société et du *Polybiblion*, sans oublier ceux qui travaillent de nos jours à leur prospérité : M. Ledos, dont il a célébré la science ; M. Chapuis, Franc-Comtois, dont il vante l'habileté administrative et les goûts variés; celui de M. Celier à la presse catholique, dans lequel il a parlé de la *Croix* en termes si sympathiques et si flatteurs. M. Guiraud lui a répondu en montrant les harmonies qui existent entre la Société bibliographique et la presse catholique, et les services réciproques qu'elles doivent se rendre. Enfin, M. Cornudet, en termes distingués, salua les dames patronnesses, dont le zèle intelligent collabore au choix des livres et assure une grande partie des ressources de l'œuvre. M. Welschinger, membre de l'Institut, voulut bien célébrer les hauts mérites de la Société et de son président, et dire que, en l'étudiant, les catholiques auront une fois de plus raison d'être fiers d'eux-mêmes.

La séance solennelle eut lieu à 3 h. 1/2 dans la grande salle du Séminaire des Carmes, à l'Institut catholique. Elle était présidée par Son Eminence elle-même, qui avait bien voulu décorer de sa pourpre cette belle journée. Le cardinal était assisté de NN. SS. Herscher et Le Roy, de M. René Bazin, de l'Académie française, de M. d'Hendecourt, président de la Société de Saint-Vincent de Paul; de M. le colonel Keller, président du groupe d'œuvres si florissantes de la rue d'Assas; de plusieurs curés de Paris et d'un grand nombre de représentants des groupements catholiques.

En un rapport qui fut un vrai chef-d'œuvre d'éloquence, de délicatesse, de pensée, qui fit succéder avec une habileté incomparable la variété des aperçus, des portraits, des anecdotes, des tableaux tracés d'une façon pittoresque, des détails d'une précision rigoureuse et même des chiffres, M. de Grandmaison retraça l'activité de la Société en ces cinquante dernières années. Retenons dans ce discours, qu'on lira avec le plus vif intérêt dans le prochain Bulletin de l'œuvre (1), le beau portrait de M. de Beaucourt, et la manière si fine, si spirituelle, si complète dont, en quelques mots, il résuma l'œuvre de M. René Bazin en insistant sur ses débuts dans la

(1) Un tirage à part en a été fait sous le titre : *Les Noces d'or de la Société bibliographique*. — (In-8°, 50 centimes.)

Société bibliographique et la collaboration constante qu'il a bien voulu depuis lui accorder.

M. René Bazin en donna hier une nouvelle preuve en célébrant l'œuvre de charité intellectuelle qui est l'objet même de la Société bibliographique, et, commentant avec bonheur une charmante anecdote concernant Henri IV, il insista pour que, par des travaux scientifiques, on vînt en aide non seulement aux humbles, mais encore aux savants eux-mêmes qui se croient souvent hors du besoin parce qu'ils se croient « riches » d'esprit et sont cependant trop souvent si ignorants des questions les plus essentielles, les questions religieuses ; il insista tout particulièrement sur la nécessité de détruire les erreurs historiques qui sont répandues volontairement par nos adversaires, spécialement à propos de la guerre présente, et il protesta énergiquement contre les calomnies qu'on lance dès maintenant contre le Saint-Siège pour alimenter les offensives anticléricales de demain.

Son Eminence termina la séance par une de ces allocutions pleines d'à-propos de tact, de mesure dont Elle a le secret. Le cardinal, avec son autorité, renouvela à la Société bibliographique l'assurance de cette bienveillance que, vicaire général d'Evreux, évêque de Bayeux, coadjuteur et archevêque de Paris, il n'a cessé de lui prodiguer, et après un éloge fort délicat de M. de Grandmaison et de M. René Bazin, et un souvenir ému donné à la mémoire de son ancien diocésain de Bayeux, le marquis de Beaucourt, il appela sur l'œuvre les bénédictions de Dieu et le concours de tous les chrétiens intelligents et généreux.

Comme l'a fort bien dit M. Bazin, cette journée marque pour la Société bibliographique une étape après une longue période bien remplie, et un point de départ pour de nouveaux progrès. »

Jean GUIRAUD

(*La Croix*, 9 février 1918.)

II

BUREAU DE LA SOCIÉTE

Président : M. Geoffroy de Grandmaison.
Vice-Présidents : M. Alexandre Celier ;
              Prince Louis de Broglie.
Trésorier : M. Léon Cornudet.

CONSEIL D'ADMINISTRATION :

Baron Angot des Rotours, comte Aymer de La Chevalerie, comte Baguenault de Puchesse, M. René Bazin, comte H. de Beauffort, M. de Boistertre, comte Ch. de Brissac, Prince Louis de Broglie, duc des Cars, M. Alexandre Celier, M. le Chanoine Clément, M. Léon Cornudet, comte Roger de Courson, baron Léon de Crousaz-Crétet, comte Arthur Dupont, M. Paul Fournier, M. Geoffroy de Grandmaison, M. Georges Goyau, M. Paul Guilhiermoz, M. Jean Guiraud, comte Ch. de Kergorlay, M. Edouard Jordan, M. Pierre de la Gorce, M. de Lanzac de Laborie, M. Xavier Lauras, M. René Lavollée, M. Gabriel Ledos, M. Pierre Lefébure, M. Adrien Legrand, M. Gabriel Martin, comte Ed. de Moustier, M. Paul Nourrisson, M. le chanoine Pisani, M. Pottier de Cyprey, comte R. de Richemont, baron Ch. de Selle de Beauchamp, M. Marius Sepet, M. Henri Tournouër, M. Henri de Villedieu, comte R. de Villoutreys.

LECTURES POUR LES SOLDATS PRISONNIERS, INTERNÉS,

BLESSÉS ET COMBATTANTS :

Président du Comité : M. Paul Fournier, membre de l'Institut.

Adresser les demandes, les souscriptions et les dons de livres à M. Geoffroy de Grandmaison, président de la Société bibliographique, 5, rue de Saint-Simon, Paris, VIIe.

III

STATUTS DE LA SOCIÉTÉ BIBLIOGRAPHIQUE

But de la Société

ARTICLE PREMIER. — La SOCIÉTÉ BIBLIOGRAPHIQUE, fondée le 6 février 1868, a pour but :

1° De publier et de répandre au plus bas prix possible tous ouvrages, brochures, recueils périodiques et autres approuvés par le Conseil, dont il sera parlé ci-après.

2° De faciliter la connaissance des sources : dans le présent, par la publication d'une Revue bibliographique universelle, le *Polybiblion*, tenant au courant de tout ce qui paraît en France et à l'étranger ; dans le passé, en fournissant aux membres de la Société les indications qui peuvent leur être utiles.

ART 2. — La Société s'interdit toute publication qui serait en opposition avec la morale et la religion.

Organisation de la Société

ART. 3. — La Société se compose de *membres titulaires* et *d'associés correspondants*. Le nombre des membres titulaires et des associés correspondants est illimité. On fait partie de la Société après avoir été admis par le Conseil sur la présentation de deux membres.

ART. 4. — Chaque sociétaire, qu'il soit membre titulaire ou associé correspondant, paie une cotisation annuelle de dix francs, exigible d'avance.

ART. 5. — Le titre de membre titulaire avec les privilèges qui y sont attachés, d'élire les membres du Conseil et d'émettre des votes aux assemblées générales, ainsi qu'il est expliqué aux titres III et IV, appartient au sociétaire qui, une fois agréé par le Conseil, paiera en outre de la cotisation ordinaire un droit d'entrée de cent francs.

ART. 6. — La Société bibliographique a pour organe un *Bulletin* qui contient le procès-verbal des séances du Conseil et toutes les communications émanant du Conseil. Ce *Bulletin* est envoyé gratuitement à tous les sociétaires.

Administration de la Société

ART. 7. — La Société est administrée par un Conseil de quarante membres titulaires nommés en Assemblée générale par les membres titulaires présents.

ART. 8. — Le Conseil choisit dans son sein : un Président, deux Vice-Présidents, un Secrétaire général, un Secrétaire adjoint, un Trésorier, un Bibliothécaire-archiviste.

ART. 9. — Les membres du Conseil sont nommés pour quatre ans. Ce conseil se renouvelle chaque année par quart. Les membres sortants peuvent être réélus.

ART. 10. — La dignité de Président honoraire peut être conférée par l'Assemblée générale, sur la proposition du Conseil, à une seule personne et à vie.

ART. 11. — Le Conseil se réunit aussi souvent que les intérêts de la Société l'exigent, et, autant que possible, au moins une fois par mois. Tous les membres titulaires peuvent assister aux séances, mais sans prendre part aux votes.

ART. 12. — Les décisions du Conseil sont prises à la majorité des suffrages.

ART. 13. — Le Conseil, chaque année, après sa réorganisation, nomme dans son sein, au scrutin de liste :

1º Un Comité des fonds ;

2º Un Comité de publication ;

3º Un Comité de propagande ;

4° Un Comité de rédaction pour le *Polybiblion*, revue bibliographique universelle.

Chacun de ces Comités est composé de cinq membres au moins.

Le Président du Conseil les préside de droit, lorsqu'il assiste aux réunions ; autrement la présidence appartient à celui qui a réuni le plus de suffrages et en cas d'égalité de suffrages, au plus âgé.

Dispositions générales

Art. 14. — Un règlement arrêté par le Conseil de la Société détermine les conditions de l'administration intérieure et toutes les dispositions de détail propres à assurer l'exécution des statuts, et à favoriser le développement de la Société.

Art. 15. — Chaque année, tous les Sociétaires, membres titulaires ou associés correspondants, sont convoqués, dans la première quinzaine de mai, en Assemblée générale et aussi toutes les fois que le Conseil le jugera nécessaire.

L'Assemblée générale est présidée par le Président de la Société. Le Secrétaire général remplit les fonctions de secrétaire.

Art. 16. — Rapport est fait, au nom du Conseil, sur la situation et sur les progrès de la Société : le compte de l'exercice clos est soumis à l'approbation de l'Assemblée générale.

Il est ensuite procédé au remplacement des membres dont les fonctions sont expirées.

Art. 17. — Le versement d'une somme de cent cinquante francs, une fois payée, exonérera tout sociétaire du paiement de la cotisation annuelle.

Art. 18. — En cas de dissolution volontaire ou forcée de la Société, le Conseil procédera à la liquidation et pourra faire l'attribution de l'actif net à telle autre Société ou Association qu'il jugera convenable.

IV

BIBLIOTHÈQUES POPULAIRES
CIRCULANTES

Ces bibliothèques, composées aujourd'hui de 38 séries (les unes pour les hommes et les jeunes gens, les autres pour les femmes et les jeunes filles, et des séries spéciales pour les Cercles d'études et les groupements pédagogiques) sont alimentées chaque année par des séries nouvelles.

Ces séries, réparties par 25 ouvrages, comprennent 1.200 titres différents, qui forment plus de 30.000 volumes. — Elles sont envoyées sur leur demande, aux sociétaires qui peuvent les renouveler annuellement et en prendre plusieurs séries à la fois. La somme à payer en sus de la cotisation annuelle de 10 francs, est :

Pour Paris : 25 volumes : 7 francs, plus 0 fr. 75 de de port = 7 fr. 75.

Pour la Province, emballage et colis postal en gare : 25 volumes : 7 francs, plus 1 fr, 75 de port = 8 fr. 75.

— L'abonné devra renvoyer franco et à domicile, au Secrétariat général de la Société, 5, rue Saint-Simon, la bibliothèque qui se trouve en sa possession.

— Une indemnité minimum de 2 fr. 50 doit être payée par l'abonné pour chaque volume égaré.

Les livres sont désinfectés avant d'être expédiés.

La qualité de Sociétaire est indispensable pour ces prêts de bibliothèques.

V

LIVRES AUX SOLDATS PRISONNIERS, BLESSÉS, INTERNÉS ET COMBATTANTS

Apporter par la lecture à nos soldats du Front, à nos blessés dans les hôpitaux et à nos prisonniers en Allemagne un peu de ce délassement qu'ils ont si bien mérité ou de ce réconfort dont ils ont tant besoin, c'est à quoi, fidèle à ses traditions, vient de s'employer la *Société bibliographique*.

C'est dire que beaucoup de bien a déjà été fait, beaucoup de joie, de saine distraction, d'instruction même ou de haute consolation apporté à ceux qui combattent ou qui souffrent actuellement pour la France.

Mais combien ces dons répondent encore imparfaitement aux besoins d'aujourd'hui et à ceux de demain !

Les hommes d'études, écrivains, ou membres de l'Institut soussignés, se sentant obligés, plus que d'autres peut-être, à ne pas laisser nos chers soldats manquer de la nourriture intellectuelle et morale qu'ils réclament, font instamment appel à la générosité publique en faveur de la belle œuvre d'envois de livres de la *Société bibliographique*.

Puissent les bourses s'ouvrir une fois de plus !

Aux souscriptions que viennent se joindre les lots de brochures, de livres, de revues ! On recevra surtout avec reconnaissance les récits militaires, mémoires, biographies, voyages, contes et romans honnêtes, classiques, livres scolaires et de vulgarisation scientifique, etc.

Les éditeurs ont facilité, par de larges rabais ou par des dons, l'acquisition des exemplaires que la *Société bibliographique* se charge d'envoyer à nos prisonniers, à nos blessés, à nos soldats : qu'ils veuillent bien continuer.

En un mot, que la pensée française, sous ses formes les plus séduisantes ou les plus belles, ne cesse point de parvenir abondamment à qui a combattu ou combat encore pour la France !

MM. Ernest BABELON, de l'Institut. — Maurice BARRÈS, de l'Académie française. — René BAZIN, de l'Académie française. — H. BERGSON, de l'Académie française. — L'abbé Ulysse CHEVALIER, de l'Institut. — Henri CORDIER, de l'Institut. — Denys COCHIN, de l'Académie française. — Henri COCHIN. — V. DELBOS, de l'Institut. — Comte DURRIEU, de l'Institut. — A. ESPINAS, de l'Institut. — C. FAGNIEZ, de l'Institut. — Paul FOURNIER, de l'Institut. — H. FROIDEVAUX, Doyen de la Faculté des lettres de l'Institut catholique de Paris. — GEOFFROY DE GRANDMAISON. — B. HAUSSOULLIER, de l'Institut. — IMBART DE LA TOUR, de l'Institut. — Henri JOLY, de l'Institut. — Paul LACOMBE, Président de la *Société d'Histoire contemporaine*. — G. LACOUR-GAYET, de l'Institut. — Pierre DE LA GORCE, de l'Académie française. — DE LANZAC DE LABORIE. — C. DE LA RONCIÈRE, Conservateur à la Bibliothèque nationale. — F. LAUDET, Directeur de la *Revue hebdomadaire*. — Le Père SCHEIL, de l'Institut. — Emile SÉNART, de l'Institut. — L'Abbé THÉDENAT, de l'Institut. — Noël VALOIS, de l'Institut. — H. WELSCHINGER, de l'Institut.

703. — Imp. Art. « Lux », 131, boul. Saint-Michel, Paris.

BLOUD et GAY, Editeurs, 3, rue Garancière, Paris (6e)

"PAGES ACTUELLES"

Nouvelle collection de volumes in=16 — Prix : 0 fr. 60

N° 90. « Kultur » et Civilisation, par George FONSEGRIVE.

N° 91. Angleterre et France, *Fraternité en guerre, alliance dans la paix*, par Sir Thomas BARCLAY.

N° 92. La Hongrie d'hier et de demain, par André DUBOSC.

N° 93. *Un peuple en exil.* La Belgique en Angleterre, par Henry DAVIGNON.

N° 94. Les armes déloyales des Allemands, par Francis MARRE.

N° 95. Toute la France pour toute la guerre, par Louis BARTHOU.

N°s 96-97. Le Jugement de l'Histoire sur la Responsabilité de la Guerre, par Tommaso TITTONI.

N° 98. Le Paradoxe célèbre de Joseph de Maistre sur la Guerre, par Clément BESSE.

N° 99. Quatre Discours et une Conférence, par Adrien MITHOUARD.

N° 100. Les Commandements de la Patrie, par Paul DESCHANEL, de l'Académie Française, Président de la Chambre des Députés.

N° 101. Le Dieu allemand, par Denys COCHIN, de l'Académie Française.

N° 102. La France, les Catholiques et la Guerre, par Mgr Alfred BAUDRILLART, Recteur de l'Institut Catholique de Paris.

N° 103. Notre Visite en Irlande, par Mgr BATIFFOL.

N° 104. Le Roi Georges V d'Angleterre, par Sir Thomas BARCLAY.

N° 105. Lettres de Guerre. Préface de Paul Bourget, par Augustin COCHIN.

N° 106. L'Église de France durant la Guerre, par G. GOYAU.

N° 107. L'Effort et le Devoir Français, par A. MILLERAND, Ancien Ministre.

N° 108. Verdun! par Mgr GINISTY, évêque de Verdun.

N° 109. Pro Patria ! par Victor GIRAUD.

N° 110. Pierre Ier, Roi de Serbie, par René CHAMBRY.

N° 111. Alphonse XIII et les Œuvres de Guerre. par Albert MOUSSET.

N° 112. Le Carnet intime de Guerre, par Amédée GUIARD.

N° 113. Nothomb, par CARTON DE WIART.

N° 114. Deux Frères, par Pierre DE LA GORCE.

MAJORATION TEMPORAIRE : 20 %

660 — Imp. Art. " Lux ", 131, Boulevard Saint-Michel, Paris